GW00514726

René Lalique
Inventeur du bijou moderne

Yvonne Brunhammer

HORS SÉRIE
DÉCOUVERTES GALLIMARD

L'« époque Lalique »

En 1933, à l'occasion de la rétrospective
« René Lalique » au musée
des Arts décoratifs à Paris,
l'historien de l'art Henri
Clouzot rappelait que l'artiste,
alors bien connu pour son œuvre de verre, avait été
au tournant du XIXe siècle l'« inventeur du bijou
moderne ». Qui se souvenait alors de sa vitrine à
l'Exposition de 1900 où ses bijoux, réalisés en à peine
cinq ans, remportaient un succès international ? Sans
doute celles qui avaient accepté de prêter leurs précieux
joyaux et appartenaient au monde de la politique, telle
Mme Waldeck-Rousseau, ou du théâtre, telle Mme Bartet,
ou encore celui qui se cachait sous les initiales CSG…
le collectionneur Calouste Sarkis Gulbenkian, qui
entassait dans son hôtel particulier de l'avenue d'Iéna
les bijoux les plus extravagants créés par son ami Lalique.
La remise au jour d'œuvres imaginées autour de 1900
réhabilitait un art décrié, Clouzot n'hésitant pas à lui
décerner le titre d'« époque Lalique ».

Ornement de corsage
« Femme-libellule »
vers 1897-1898, l'un des
chefs-d'œuvre de Lalique
acquis par Gulbenkian
en 1903 : alors que
le torse de chrysoprase
– une variété de
calcédoine qui provient
principalement
d'Australie – semble
naître de la gueule
d'un dragon, le visage
de la jeune femme,
coiffée de scarabées,
affiche l'expression
sereine de la Vénus
de Botticelli…

Plaque de collier de chien
« Profil de femme entouré de
pavots », vers 1898-1900, or,
émail, diamants, chrysoprase

Calouste Sarkis Gulbenkian (1869-
1955), pionnier du développement
pétrolier au Moyen-Orient et
grand amateur d'art

plaque de collier de chien « Arbres », 1898-1899, or, émail, opales, diamants

bracelet « Véroniques », vers 1900-1902, ronde de fleurs en verre blanc sur fond bleu, inscrites dans des oves reliés par des anneaux d'or ; il en existe deux exemplaires, dont l'un acquis par Gulbenkian en 1902

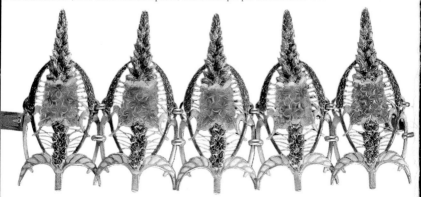

De haut en bas et de gauche à droite, quatre projets pour des bijoux de joaillerie : collier « Sept grenades », vers 18[...] vers 1894-1896, crayon, gouache, aquarelle ; collier « Éclaboussures », daté par Vever 1894, crayon et gouache. Au[...]

Pendant plusieurs années, il s'adonna exclusivement à la joaillerie

Lalique avant Lalique :
à la recherche du « bijou moderne »

Lalique entre dans le métier en 1880 comme
dessinateur de bijoux, et compose des modèles pour
les fabricants et marchands bijoutiers parisiens. Installé
à son compte en 1885, il dispose d'un atelier de
joaillerie bien équipé, où il peut se consacrer librement
à des créations personnelles en joaillerie pure. Il y introduit
progressivement une fantaisie nouvelle, des thèmes inspirés
de la nature, de la flore et la faune de son pays natal – la Champagne –
et de celles qu'il découvre sur les estampes japonaises qui circulent dans
les ateliers et les Salons depuis 1860. Ce sont ces nouveaux bijoux qui
figurent à l'Exposition universelle de 1889, à Paris, sous les noms
des joailliers les plus en vue, les Vever, les Boucheron… pour qui René
Lalique est un collaborateur anonyme des plus précieux.

René Lalique et sa femme Alice, en septembre 1903

Un seul artiste, et des plus grands, […] René Lalique,
eut le don de faire passer sur le monde un frisson de beauté nouvelle.
Henri Clouzot, 1933

Cette plaque de collier de chien « Arbres »
est le premier bijou acheté par Gulbenkian,
en 1899, l'année de sa création.
Le paysage rappelle les paysages bretons
de Maurice Denis, nourris de légendes
et de symboles, mais Lalique a remplacé
les personnages du *Bois sacré* de Denis
par une étendue d'eau réalisée en opales
laiteuses, celles-là mêmes qui enferment
de « troubles sentiments », selon Robert
de Montesquiou. Son essence magique
en fit la pierre préférée de René Lalique,
comme elle fut la pierre de référence de Marcel
Proust. Derrière les troncs d'or ciselé en relief,
autour desquels s'enroule du lierre émaillé,
l'eau d'opale miroite dans le cadre serti
de diamants taille rose.

Broche « Buste de femme
entouré de pavots »,
vers 1900-1901 ;
acquise par
Gulbenkian
en 1902

Hommage à
la femme, réalisée
en ivoire, dans un
cadre d'or émaillé
de pavots,
fleur égyptienne
mythique, symbole
de fertilité

Lors de l'Exposition nationale des arts industriels au Louvre en 1884, le bijoutier-joaillier Alphonse Fouquet (1828-1911) remarque la présentation de dessins de René Lalique et le félicite : « Je ne connaissais pas actuellement de dessinateur en bijou, enfin, en voici un ! » Fouquet s'était imposé à l'occasion de l'Exposition universelle de 1878, à Paris, avec des bijoux renouvelés par l'influence de la Renaissance, celle des ornemanistes et des orfèvres du XVIe siècle : griffons, sphinx, chimères en or ciselé, d'après Carrier-Belleuse, émaux réalisés par Paul Grandhomme, quelques pierres de couleur. En 1889, il est supplanté par Boucheron et Vever, dont les thèmes naturalistes, auxquels Lalique n'est pas étranger, apportent un ton nouveau, en phase avec l'époque.

Projet pour un diadème « Ruban noué », vers 1887-1890, gouache blanche, rehauts jaunes, sur papier préparé violet

Page de gauche, en haut : René Lalique, Projet pour un pendant de cou « Poisson grotesque », vers 1895-1897, crayon, plume, aquarelle

Ci contre : Alphonse Fouquet, Projet pour le bracelet « Diane », 1883, crayon et gouache

En 1892, c'est un effort vraiment extraordinaire que je dus faire pour sortir complètement de ce que j'avais fait précédemment. Je travaillai sans relâche, dessinant, modelant, faisant des études et des essais techniques de tous genres [...] avec la volonté [...] de créer quelque chose qu'on n'aurait pas encore vu.

René Lalique,
cité *in* Henri Vever, *La Bijouterie française au XIXe siècle*, 1908

yon, encre, aquarelle ; pendant de cou, vers 1890-1892, crayon, encre, aquarelle ; collier « Fleurs de chardon », ment de corsage « Oiseaux chanteurs », 1889, pour la maison Vever, or, argent, diamants taille rose, rubis

x brillantes et blanches parures tout en diamants. Henri Vever, 1908

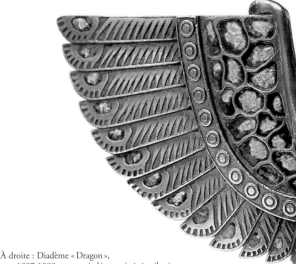

Coiffée d'un coq, tel ce projet pour une poignée de canne (en bas), ou parée d'un dragon ailé, la femme Lalique participe au monde animal, du plus familier au plus inquiétant.

Ce diadème appartient aux bijoux-objets que Lalique réserve aux femmes « branchées » qu'il côtoie dans les milieux du théâtre et de la littérature. En argent ciselé et patiné, rehaussé de touches d'émail et d'aventurine, le dragon se dresse dans une attitude de combat, animal de l'Apocalypse, funeste et tentateur – quel symbole pour un bijou féminin ! –, la gueule largement ouverte. Une photographie de Mme Meurlot-Chollet (à droite), sculpteur et amie de Liane de Pougy – l'une des plus fidèles clientes de Lalique autour de 1900 –, montre qu'il s'agit bien d'un ornement de tête que l'on portait sur le front, les ailes déployées sur les tempes. Elle arbore également un pendant de cou qui évoque *La Princesse lointaine* d'Edmond Rostand, que joua Sarah Bernhardt en 1895.

À droite : Diadème « Dragon »,
vers 1897-1899, argent ciselé et patiné, émail, pierres
Ci-dessous : Projet pour un pommeau de canne, plume, crayon et aquarelle

Le bijou, « art total »

En 1897, Lalique expose au Salon
des peignes en corne et en ivoire
dont la totale nouveauté impressionne Émile Gallé.
Celui-ci écrit dans la *Gazette des beaux-arts* son
admiration pour le jeune artiste qui « apportait à
la joaillerie des renouvellements imprévus, et oserai-je
le dire, la préparation au définitif bijou moderne ».
Un jugement confirmé par l'envoi de Lalique en 1898.
Gallé partage avec son ami nancéien l'écrivain d'art
Roger Marx le dogme – on pourrait dire le mythe –
de l'« unité de l'art », qui deviendra le slogan des artistes
décorateurs. Un principe auquel se rallie René Lalique,
partagé entre le souci de créer des bijoux pour les femmes
qui les porteront et le besoin de laisser son imagination
dépasser les limites de l'objet dans lequel il s'exprime.
Il accède ainsi à l'art total, à ces « bijoux compliqués
comme des édifices » (Henri Clouzot), à l'époque
où Hector Guimard voit dans l'architecture
« tous les autres arts, sans exception ».

Dessin pour
une broche
Renaissance,
vers 1893-1894

Dans cette
broche, ou
agrafe, à deux
rinceaux sertis
d'améthystes et de
petits diamants, se
dresse une femme
nue, sans bras, très
réaliste, d'une
modernité provocante
pour les critiques,
face à la rigueur
du bijou d'alors.

*C'est une constante, une nécessaire
aventure de voir traiter le nouveau
de bizarre, et l'initiative de folie.
Les accusations d'« excentricités »
n'ont pas cessé d'être portées, ce siècle
durant, contre nos plus purs génies
et nos plus immortels chefs-d'œuvre.
Comment auraient-elles épargné
M. Lalique puisqu'en reculant
les limites de son art, il en a
fatalement modifié les lois ?*
Roger Marx, 1899

Le buste est réalisé
dans une pierre ou
peut-être déjà du verre.
Le symbolisme très
chargé du scarabée
pèse sur ce bijou,
qui glorifie aussi
l'éternel féminin.

Pendant de cou
« Buste de femme
et deux scarabées »,
vers 1897-1898,
or ciselé, émail,
lapis-lazuli

Projet de peigne, crayon et aquarelle

Parmi les peignes exposés en 1898 – « neuf peignes énormes, invraisemblables de dimensions » (Jean Lorrain) –, le musée des Arts décoratifs fait l'acquisition du peigne « Deux paons », où Lalique réunit deux sources d'inspiration : le Moyen Âge et l'Orient. L'évocation des cathédrales gothiques se réduit à une arcature sur un dessin de peigne (ci-dessus) et à cette rosace d'opales associée au symbole solaire des deux paons – thème récurrent chez Lalique. Il les utilise autant pour leur impact décoratif que pour leur symbolisme ambigu, « ces plumes de paons aux yeux opalins, l'orgueilleuse conquête », écrit Robert de Montesquiou dans *Les Roseaux pensants*. « Car il faut le dire […], poursuit l'écrivain, il est le maître des irisations et des chatoiements, le prince des orients et des reflets. »

Peigne « Deux paons », 1897-1898, corne patinée, plaques d'opale

Une « cosmogonie » symboliste de la femme

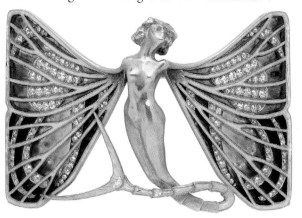

Réalisée en or ciselé et associée au chatoiement des pierres, la figure féminine apparaît dès 1883 dans les bijoux d'Alphonse Fouquet. Alors que ses confrères jugent qu'il commet « là une hérésie ; que les règles de l'esthétique n'admettaient pas qu'une femme pût porter sur la tête, son cou et sa poitrine, la reproduction quelconque d'une figure humaine », René Lalique y voit une façon d'exprimer sa vénération de la femme, et en particulier de la sienne, Alice – rencontrée en 1890 –, un culte qui autorise toutes les transgressions et que le romantisme allemand, le symbolisme et son imaginaire intime lui suggèrent. Le monde de la fin du XIXᵉ siècle se construit autour de la ligne. La femme est l'obsession de l'époque et Lalique l'un de ses plus fervents interprètes : mutante inquiétante ou charmante libellule, femme-paon ou charmeuse de serpents, beauté virginale ou fatale, femme-fleur surtout, qui se joue des « correspondances » que Baudelaire égrenait au long de ses vers « scandaleux ».

Broche ou pendant « Femme ailée », vers 1897-1899, or ciselé, émail translucide à jour, diamants

La femme nue, dont l'extrémité du corps se love dans une gangue végétale ou se fait queue de sirène, prête son corps souple à de nombreux bijoux : ailée, elle est libellule – la « frissonnante libellule » célébrée par Émile Gallé –, associée à l'eau calme des lacs, des étangs, et à l'air dans sa pureté, sa lumière, ailes multicolores auquel l'émail translucide à jour confère une matérialité au-delà du rêve. Elle est aussi sylphide, nymphe, elfe, hybride dynamique entre eau et air.

Plaque de collier de chien « Sylphide ou sirène », vers 1897-1898, or ciselé, émail translucide à jour, diamants

Le visage féminin inscrit dans une collerette de pétales ou coiffé de fleurs s'inspire de Novalis, mais prend avec Lalique un sens différent : visage de verre blanc, aux yeux mi-clos, fleurs emmêlées dans la chevelure bleutée, ciselée dans l'argent, il est Hypnos, divinité du Rêve, fils de la Nuit et frère de la Mort, qu'évoque le lis aussi bien que le pavot. Il est aussi associé au cattleya bleuté qui, pour Odette de Crécy, « avait l'avantage de ne pas ressembler à des fleurs, mais d'être en soie, en satin » (Proust, *Un amour de Swann*).

«Femme-cattleya», détail d'une feuille d'études, vers 1890-1900, crayon, aquarelle, gouache

Broche/pendant de cou « Visage féminin coiffé de lis », vers 1898-1900, argent ciselé, verre moulé, perle baroque

Il ne voyait [...] que la seule fleur bleue, et longuement [...], il attacha ses regards sur elle. À la fin, comme il voulait s'approcher d'elle, il la vit tout soudain qui bougeait et commençait à se transformer ; les feuilles se faisaient de plus en plus brillantes et venaient se coller contre la tige, qui elle-même grandissait ; la Fleur alors se pencha vers lui, et ses pétales épanouis se déployèrent en une large collerette bleue qui s'ouvrait délicatement sur les traits exquis d'un doux visage.
Novalis, *Henri d'Ofterdingen*, 1802

L'ami des poètes et des actrices

Lalique fut l'ami des peintres, des poètes de son temps et des grandes dames du théâtre. L'écrivain et poète Jean Lorrain était fasciné par ses bijoux et, à défaut de les porter, les introduit dans ses romans. Journaliste à ses heures, il s'émerveille de la prodigieuse diversité du créateur au Salon de 1898, non sans juger extravagants ses « peignes énormes, invraisemblables de dimensions et qu'on voit mal dans une chevelure de femme ». Des femmes libres et audacieuses, capables d'arborer ces bijoux, existent pourtant : Sarah Bernhardt, pour laquelle Lalique conçoit des bijoux de scène mais aussi ses parures personnelles, la comtesse de Béarn qui porte les diadèmes de l'artiste, l'un fleuri de lotus, l'autre une sirène de bronze parée d'opales.

Broche dédicacée
À Sarah Bernhardt la gloire de l'art français,
décembre 1896, or, émail, émeraude

Deux couvertures dessinées par Lalique, *Chantecler*, d'Edmond Rostand, 1909 et *Les Paons*, de Robert de Montesquiou, 1901

Ce livre tout émaillé de gemmes semble écrit pour moi – chaque page est un joyau.
Lettre de René Lalique à Robert de Montesquiou,
au sujet des *Paons*

Pendant de cou « La Princesse lointaine », vers 1898-1899, or, émail, diamants, améthyste

*Ce livre tout émaillé de gemmes semble écrit pour moi –
chaque page est un joyau.*
Lettre de René Lalique à Robert de Montesquiou,
au sujet des *Paons*

Broche « Cattleya », vers 1898-1900, or, émail opaque, émail translucide, verre opaque, argent

*Quelles fleurs attendre, et quels fruits,
si fleuriste et vigneron ignorent les puits
d'arrosement, si l'artisan du décor méconnaît
la nature, source de fraîcheur, restitution de la sève, bain
matinal qui rajeunit, si l'artiste ne pratique pas le culte qui demande
et obtient l'inspiration, c'est-à-dire s'il néglige l'adoration
contemplative de la vivante beauté partout épandue ?*

Émile Gallé, *Gazette des beaux-arts*, 1897

« Chrysanthèmes », in *Le Japon artistique* ;
« Iris », suite des *Grandes Fleurs* de Hokusai

Les échanges avec l'Orient favorisent l'arrivée d'espèces de plantes et de fleurs. Ce nouveau répertoire végétal, qui supplante l'éclectisme à bout de souffle, bénéficie de l'enseignement du dessin – base, pense-t-on, du renouvellement des arts appliqués.

Le culte de la nature : images de la flore

Anonyme japonais, « Herbes sauvages », XIXᵉ siècle

Les dernières décennies du XIXᵉ siècle sont imprégnées de l'amour de la nature sous toutes ses formes. Un mouvement provoqué par les observations de Viollet-le-Duc qui analyse et dessine jusqu'aux plantes « les plus modestes, celles de notre sol », qu'il admire sur les chapiteaux des églises gothiques, et par la connaissance des estampes japonaises qui circulent chez les marchands et que l'un d'eux, Siegfried Bing, rassemble dans les pages de la revue *Le Japon artistique*, publiée de 1888 à 1891. René Lalique, quant à lui, vivait depuis l'enfance le crayon à la main, émerveillé par la nature et ses mystères. Il avait bâti ce que son ami Roger Marx intitulera son « Livre de vérité ».

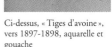

Ci-dessus, « Tiges d'avoine », vers 1897-1898, aquarelle et gouache

Peigne « Aux ombelles », vers 1897, corne blonde, argent, émail sur argent, platine, or

Eugène Grasset, « Ombelles », in *La Plante et ses applications ornementales*, Paris, 1896

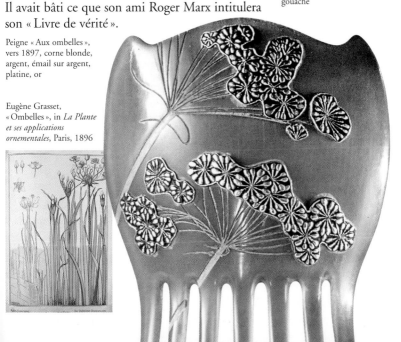

René Lalique, *Le Saule à Clairefontaine*, photographie

Pendant de cou « Dryade et saule », vers 1900,
or ciselé, émail translucide à jour sur or

« Paysage d'hiver »
semble être le premier
bijou où René Lalique
utilise le verre à la place
du cristal de roche
ou de l'émail. Il avait,
raconte Henri Vever,
une installation
complète de verrier
dans son local de la
rue Thérèse, où il
s'installa en 1890.
Il s'y livrait « en
véritable alchimiste »
à des études, encouragé
par Jules Henrivaux,
directeur de la
Manufacture de Saint-
Gobain, et par le verrier
Léon Appert.

Pendant de cou « Paysage d'hiver »,
vers 1899-1900, or, émail opaque
sur or, verre taillé façon diamant, perle
En bas, broche/pendant de cou
« Paysage », vers 1900, or, émail, verre

Le premier bijou de la
série « Hiver » était une
commande émanant
de Russie, en verre
avec des cristallisations
sur les arbres neigeux
« d'une grande finesse
de coloration »
(Henri Vever, 1908).

Ci dessous, quatre dessins de René Lalique, de gauche à droite :

Projet pour un face-à-main « Rosier grimpant », vers 1900, crayon et aquarelle

Pendant de cou « Combat de coqs », vers 1899-1900, crayon, plume, aquarelle et gouache (détails de têtes de coqs, inscription technique)

Pendant de cou « Guêpes », vers 1900, crayon et aquarelle

Peigne « Sauterelle », vers 1900, crayon, plume, aquarelle, rehauts de gouache

Henri Vever signale la présence du diadème « Tête de coq » à l'Exposition de 1900, l'oiseau portant dans son bec un « diamant jaune ». Il est peu probable qu'il se soit agi d'un diamant. La « pierre jaune » – un quartz ? – fut en effet brisée et remplacée par la pierre actuelle.

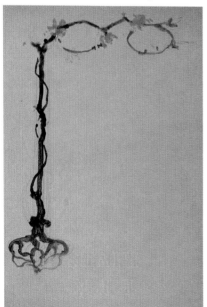

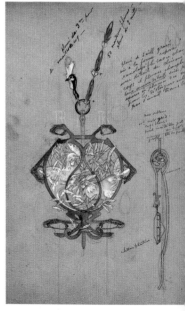

Toutes les formes de la nature prirent pl

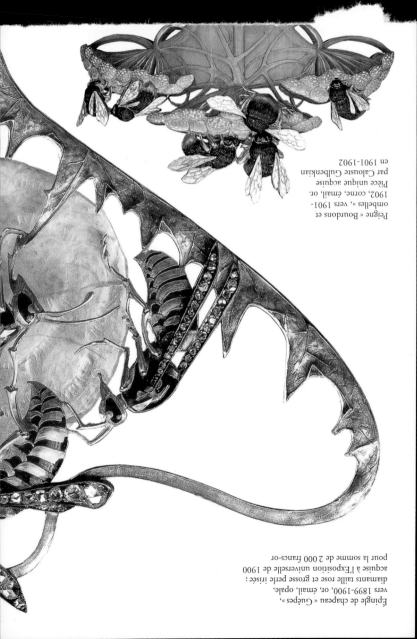

Peigne « Bourdons et ombelles », vers 1901-1902, corne, émail, or. Pièce unique acquise par Calouste Gulbenkian en 1901-1902.

Épingle de chapeau « Guêpes », vers 1899-1900, or, émail, opale, diamants taille rose et grosse perle irisée ; acquise à l'Exposition universelle de 1900 pour la somme de 2 000 francs-or

Images de la faune

Parmi les herbes et les fleurs des champs dont
il retient la grâce fragile et les couleurs luisantes
de soleil, le jeune Lalique observe un grouillement
d'insectes et de petits animaux qui vivent au ras
du sol et d'autres qui volettent au-dessus avant
de s'y poser. Plus tard, il les transforme en élément
ornemental, fouille avec minutie l'anatomie
de chaque forme, leur transmet une vitalité
bourdonnante, voire agressive, tandis qu'il réserve
au visage et au corps de la femme une belle sérénité.

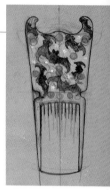

Peigne « Chauve-
souris », vers 1899-1900,
plume, aquarelle et
gouache. Les pierres
bleues devaient être
des pierres de lune

Gustave Moreau (1826-1898), *Léda et le cygne*, huile sur toile

René Lalique
est familier des
correspondances
entre les êtres
humains, les femmes
en particulier, et leur
environnement.
Il les traduit dans
une recréation en
réduction du monde,
confère au bijou
un statut de référence
esthétique, au même
titre que l'opéra,
où Richard Wagner
voyait le modèle de
la synthèse des arts :
entre naturalisme
et mythe, peuplé
d'oiseaux, de poissons,
où l'eau stagnante est
d'émail, les bulles
d'eau des opales.

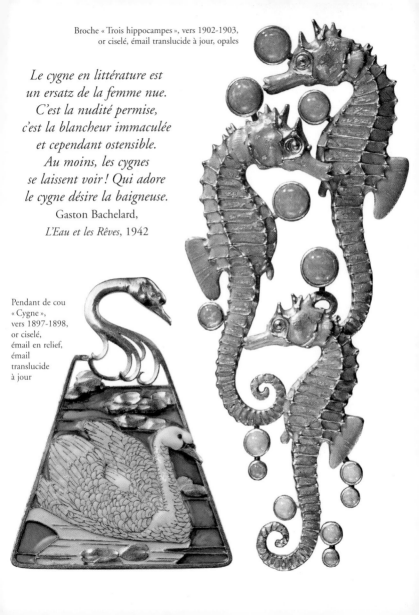

Broche « Trois hippocampes », vers 1902-1903,
or ciselé, émail translucide à jour, opales

Le cygne en littérature est
un ersatz de la femme nue.
C'est la nudité permise,
c'est la blancheur immaculée
et cependant ostensible.
Au moins, les cygnes
se laissent voir ! Qui adore
le cygne désire la baigneuse.
Gaston Bachelard,
L'Eau et les Rêves, 1942

Pendant de cou
« Cygne »,
vers 1897-1898,
or ciselé,
émail en relief,
émail
translucide
à jour

Diadème « Tête de coq », vers 1897-1898, or, émail, corne et quartz-améthyste. Pièce unique, acquise par Calouste Gulbenkian en 1904

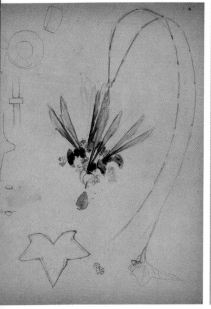

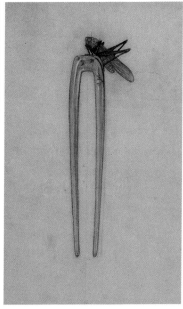

son écrin panthéiste. Henri Clouzot, 1933

Lampe « Paons », modèle
créé en 1910, verre blanc moulé-pressé
patiné, monture en bronze patiné

Au retour de leur séjour à Paris
où ils ont visité l'Exposition des Arts
décoratifs de 1925, le prince Asaka
Yasuhiko et son épouse demandent
à René Lalique de réaliser la porte
de leur résidence à Tokyo.
Pour les quatre vantaux, réalisés
en même temps qu'un ensemble
de luminaires, le créateur reprend
le thème de la femme ailée,
en verre blanc moulé et patiné.

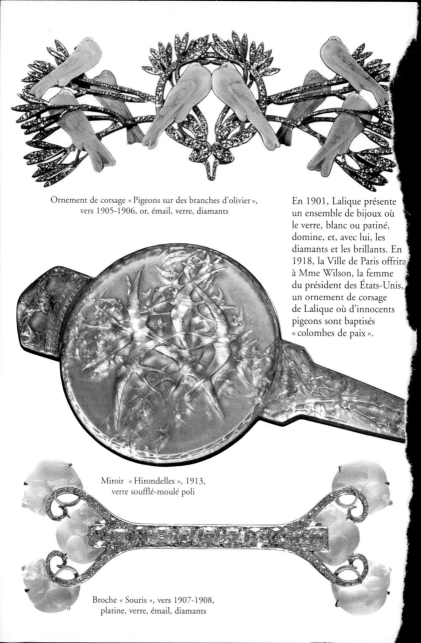

Ornement de corsage « Pigeons sur des branches d'olivier »,
vers 1905-1906, or, émail, verre, diamants

En 1901, Lalique présente
un ensemble de bijoux où
le verre, blanc ou patiné,
domine, et, avec lui, les
diamants et les brillants. En
1918, la Ville de Paris offrira
à Mme Wilson, la femme
du président des États-Unis,
un ornement de corsage
de Lalique où d'innocents
pigeons sont baptisés
« colombes de paix ».

Miroir « Hirondelles », 1913,
verre soufflé-moulé poli

Broche « Souris », vers 1907-1908,
platine, verre, émail, diamants

Du bijou au verre

La vitrine de Lalique à
l'Exposition universelle de 1900
présente le bilan de cinq ans
de création qui suscitent des
« discussions violentes », mais
ne laissent personne indifférent.
Le bijoutier qui a inventé le « bijou
moderne » est en train de tourner
la page; avec la construction de
son hôtel du Cours-la-Reine, à Paris, il s'engage
dans l'aventure verrière tous azimuts : panneaux
architecturaux, bijoux, flacons de parfum, verrerie
décorative où il transpose ses thèmes favoris, l'image
de la femme et de la nature, sa flore et sa faune.

« Femme ailée »,
sculpture en bronze,
présentée dans la vitrine
Lalique à l'Exposition
universelle de 1900

À l'Exposition
universelle de 1900,
la vitrine de Lalique
(ci-contre) tranche
avec celles de ses
confrères qui ont pris
le parti d'exposer
leurs bijoux sur
des fonds colorés.
Elle attire les regards
par le choix d'une
gamme claire.
« C'est une victoire
française », écrit son
ami l'écrivain Pol
Neveux.

René Lalique dessinant dans son bureau, entouré d'objets et du modèle de la lampe « Paons », 1910

*Sous un vol de chauves-souris
se poursuivant dans un ciel
de couleur scabieuse, des femmes
gaies de vivre parmi tant de
merveilles tordent leurs bustes
de bronze amoureusement
modelés, éploient leurs ailes [...]
et s'unissent dans une molle ronde
devant les fabuleux joyaux
qui s'étalent à leurs pieds.*

Pol Neveux, 1900

Vase aux cygnes, 1898, verre opalisé soufflé dans une armature d'argent qui dessine des cols de cygne : une technique connue dans l'Antiquité et reprise à Venise en 1878